물 위를 걷는 시간

변창희 기도시집

물 위를
걷는 시간

좋은땅

서문

간질한 마음이
시의 옷을 입었습니다

소원과 고백을
기도의 물결에 담았습니다

비바람 속에서도
꽃망울은 터지고

뜨거운 볕 아래
목마름은 깊었습니다

흔들리는 물 위를 걸으며
오래 영근 마음,

따스한 바람의 등에 실어

그대 계신 물가로
잔잔히 띄워 보냅니다

목차

서문　　　　　　　　　　5

1부　　　하루의 선물

평화　　　　　　　　　　15
재부팅　　　　　　　　　16
카이로스　　　　　　　　18
초심　　　　　　　　　　19
제비꽃　　　　　　　　　20
은혜　　　　　　　　　　22
하루의 선물　　　　　　　23
오월에　　　　　　　　　24
아카시아 향 아래　　　　　25
만나　　　　　　　　　　26
두 렙돈　　　　　　　　　27
별　　　　　　　　　　　28
꽃의 허리　　　　　　　　29
기대　　　　　　　　　　30
희망으로　　　　　　　　31

2부 나의 향기로

~~~~~~~~~~~~~~~~~~~~~~~~~~~~~~

정결한 마음	35
아침에 드리는 기도	36
추운 날의 기도	37
가난한 마음	38
함께 가는 길	39
언제입니까	40
사랑	42
물 위를 걷는 시간	44
파도	46
나의 향기로	47
약함	48
들메끈 하나라도	49
놓습니다	50
기다림	51
흐린 날	52
인도하심	53
회개	54
용서하지 마십시오	56

3부　　부족하지 않습니다

푸른 풀밭	61
행복이란	62
내가 바라는 것은	63
오늘은 덤입니다	64
나는 감사합니다	65
봄은 사랑입니다	66
생명은 기쁨입니다	68
부족하지 않습니다	70
주님의 자리	72
주님의 뜻	73
주님의 분깃	74
소망	76
세상이 다 내 딸이라면	77

4부   내 입술의 아가

봄의 길목에서	81
당신이 계시니	82
짝사랑	84
고백	86
떨어지지 않으렵니다	87
내 입술의 아가	88
무화과 사랑	90
가지십시오	91
그치지 않는 비	92
나의 소제	94
나의 에봇	96
오직 주님만	98
성전을 사모합니다	100

5부　　　　　　　못 자국

향유　　　　　　　　　105
십자가의 길　　　　　106
녹슨 십자가　　　　　107
겟세마네 기도　　　　108
부활의 봄　　　　　　112
못 자국　　　　　　　114
메리 크리스마스　　　115
줄다리기　　　　　　116

6부　　　　　　　　대행자

돌 맞은 바울　　　　　　121
닮고 싶은 느헤미야　　　122
대행자　　　　　　　　　123
아하와 강가의 노래　　　124
화를 부른 삽비라　　　　126
수로보니게 여인의 고백　128
목마른 여인　　　　　　135
압살롬 애가　　　　　　136
물고기 뱃속　　　　　　139
사울의 첩, 리스바　　　140

1부

하루의 선물

평화

파란 하늘
날아오르는
가벼운 깃털 하나에도

가을 햇살
켜켜이 머금은
여린 강아지풀에도

평화가 깃들어 있네

새벽을 깨우는 풀벌레
평화의 서주를 노래하고

하늘에 가득 찬 평화,

이슬방울 되어
대지를 적시네

재부팅

가장 깨끗한 시간
새벽에 만나는 주님은

내 기도의
물꼬 바꾸시네

세상 때 잔뜩 묻은
위선 털어 내고

넓은 길에 묻어가는
이기적 습성 버리고

참된 삶을 살아 보라
존재의 의미
다시 생각하라 하시네

세상과 주님을 양손에 쥔
빛 좋은 개살구 신앙 버리고

새벽의 순수로
다시 시작하라 하시네

말씀의 탈곡기 안에서
거짓 낟알 쏟아 내고
진심의 알곡만
남게 하시는 주님은

나를 부정하는 아픔 속
온전히
주님을 따르라고

나의 믿음
재부팅 하시네

카이로스

들풀 하나에도
뜻을 두신 주님,

모든 것이
당신 손에 있습니다

나의 계획과
생각 너머

당신의 날줄과 씨줄로
내 삶을 지으소서

초심

빈 하늘에
차가운 조각달

햇살도
비켜서고

맑은 빛으로 빚어진
그분 순수의 결정체

그 고독
닮고 싶어라
그 자유
닮고 싶어라

세상에 욕심내는 마음
덜어 내고

그분 사랑하는 마음만
담고 싶어라

제비꽃

정녕 그대는
무릎을 꺾어야
볼 수 있습니다

온 세상이
목련의 탐스러움 탐할 때
벚꽃의 화려함에
넋을 놓을 때

낮은 곳에서
무릎 꺾인 고독한 자를
품고 있습니다

아기 눈망울 같은
그대는

눈으로는 볼 수 없는
보랏빛 소망

맑은 마음에 보이는
보랏빛 순수입니다

낮추어야
비로소 보이는

그분의
옷자락입니다

은혜

믿음의 금줄로
은혜의 금강석을
매었습니다

가슴 위에
빛나는 은혜

내가 자랑할 것은
그것뿐입니다

하루의 선물

주는 나의 하나님
내 모든 것 아시고
호흡을 주장하는 창조주

오늘 이 하루가
나의 시간으로 주어지니
세상이 흔들립니다

오월에

싱그러움, 푸르름, 따사로움
가슴 벅찬 선물입니다

천국을 맛보는 듯
이 계절을 걷습니다

당신의 음성이 사방에서 들려옵니다
햇살처럼,
꽃처럼,
나뭇잎처럼,
시냇물처럼,
내가 너를 사랑한단다

이 시간 이 자리에 존재하는 것
거저 받을 수 있음이 은혜입니다

오월의 한가운데
당신을 바라봅니다

아카시아 향 아래

가까이
다가서지 않으면
맡을 수 없는

애기똥풀의
작은 미소를
놓치지 않게 하소서

아카시아 향 아래 가려진
바람 같은 향기

그 작은 속삭임을
놓치지 않게 하소서

만나

온 땅 어느 곳이나
골고루
긍휼 내리시어

만나로
고통 받는 이 없게 하소서

일용할 분량을 넘어
욕심을 거두다가

만나가
그치는 일 없게 하소서

두 렙돈

스티로폼 상자마다
봄을 채워
노모가 씨를 뿌렸다

라일락 향기에 눈뜬 상추들이
파릇파릇 잎을 내민다

옥상이
푸른 상추밭이다

"이거 다 뭐 하시려고요?"
"내다 팔아 그분께 드리려고!"

주름진 손으로
상추를 키워
당신을 전부 드리고 싶은 마음

파릇파릇
봄볕을 먹고 자란다

별

용서의 꽃들이
찬란한 별 되어

밤하늘 옷자락을
수놓습니다

꽃의 허리

새날이 밝아 옵니다
나무들이 떨고 있습니다

태양의 언저리에
군불 지피시어
차가운 대지를 감싸 주소서

들판의 아픈 이마 만져 주시고
강물의 시린 손을 잡아 주소서

당신의 입김으로
새의 언 발
녹여 주시고

바람의 장난을 밀어내어
꽃의 허리가
휘지 않게 하소서

기대

어제와 닮은
오늘이지만
예기치 못한 새로움

그분과 함께 수놓을 하루가
어떤 꽃으로 피어날지 설레네

그분과 속삭일
사랑의 밀어,

오늘의 보자기 푸는 손을
바람 한 자락이 간지럽히네

희망으로

다시 일어서는 새해,
묵은 마음 씻어 내고
뜨거운 희망을 품게 하소서

새로 열리는 새해,
무거운 절망 떨쳐 내고

언 땅 위
새싹의 희망 품게 하소서

내 마음 빈 도화지에
주님의 역사,
섬세한 붓질로
그려 가게 하시고

기회의 빈 들판에
두 손 가득히
감사를
심게 하소서

2부

나의 향기로

정결한 마음

풀잎마다 맺힌
영롱한 빗방울
때 묻지 않은 고요가
정결한 마음을 선사합니다

가만히 걷는 걸음
당신의 임재가 스며듭니다

비안개 걷히는 산언저리
희망이 피어오르고

주님,
두 손 모아 기도합니다

당신의 빗방울 호흡하는
맑은 마음을

당신의 등불 바라보는
고요한 마음을

아침에 드리는 기도

맑은 햇살에 반짝이는
당신의 속삭임

주님,
제 마음을 평화로 인도하시는군요

맑은 하늘에 반짝이는
당신의 눈동자

주님,
제 마음을 사랑으로 인도하시는군요

오늘 제게 주어진 시간,
당신의 인도하심 따르며
당신의 길 걷게 하소서

당신의 현존이
모든 피조물에게 나타나게 하소서

추운 날의 기도

바람결에 흩날리는
빛바랜 낙엽에게

주여,
쉴 보금자리 하나
베풀어 주소서

십이월 하늘
움츠린 나무에게

주여,
한 줌만 더
볕을 주소서

가난한 마음

심령이 가난하지 못하니
기쁨이 멀리 있고

천국은
나의 것이 아니네요

부자가 천국 가기 어렵다는 말
좋은 날에 감사하기 어렵다는 말
교만한 심령을 흔들어 깨웁니다

나보다 못한 이 없고
나보다 부족한 이 없는데

높아진 마음은
내가 큰 줄 압니다

가난한 마음을 구합니다
교만의 돌부리에 걸려
넘어지지 않게 하소서

함께 가는 길

은혜의 햇살 아래
기쁨이 지저귀고

물고기는 떼 지어
행복을 유영합니다

이 아름다운 세상에서
가난한 영혼을 지켜 주시고

평화로운 당신 품에서
거닐게 하소서

눈앞의 현실에
마음 무너지지 않게 하시고

약속하신 말씀 따라

믿음의 행진
멈추지 않게 하소서

언제입니까

그 옛날 제자들이 물었던
어리석은 질문
오늘도 되풀이하여 묻습니다

때와 기한은 당신께 있으니
우리의 알 바 아니라 하시지만
그래도 저는
되풀이하며 묻습니다

주여,
당신의 때는 어느 때입니까

걷고 싶어도 걷지 못하고
보고 싶어도 보지 못하고
말하고 싶어도 말하지 못하는 사람들

그들이
걷고 보고 말할 때는
언제입니까

치유받는 역사가
지금이면 안 되나요
오늘이면 안 되나요

육신의 가시를 안고 살기엔
너무 힘겨운 날들

주여,
지금이면 안 되나요
오늘이면 안 되나요

사랑

사랑은
어찌 이리 어려운지요

좋은 사람 사랑하는 것은
더할 수 없는 행복이지만

당신은
그리 말씀하지 않으시네요

사랑하기 힘든 사람
마음 맞지 않는 사람에게

따뜻한 눈길 보내라
두 팔로 안아 주라 하시네요

예쁜 구석 하나 없는
이 죄인,
당신은 목숨까지 내주며
사랑하시는데

마음 흘러가지 않는다고
문 닫아거는 저를 보면
참 못났습니다

주님,
당신 심장으로
차가운 마음 데워 주세요

미움의 얼룩
기도의 빗질로 쓸어 내고

사랑의 발자국
점. 점.
찍어 가게 해 주세요

물 위를 걷는 시간

지금은
물 위를 걷는 시간

바람을
바라보면

베드로처럼
빠져들고 말아

지금은
불완전한
이성 내려놓고

주님 옷자락
붙잡고 가는 시간

현실을 바라보면
넘어지고 말아

주님의 때
기다리는 믿음만

내가 의지할
지팡이

지금은
염려의 입술 닫고

물 위를
걸어가는 시간

약속 이루시는
신실함만

내가 딛고 설
디딤돌

파도

절벽을 때리는 파도처럼
주여,
말씀이 파도 되어

내 마음 절벽을
사정없이 때리소서

물거품 일으키는 파도처럼
주여,
말씀이 파도 되어

모래 같은 내 마음에
사랑의 거품 일으키소서

나의 향기로

예쁘다는
칭찬 없어도
꽃은 그냥 예쁘고

넓다는
감탄 없어도
바다는 그냥 넓습니다

찬사를 들어야
예쁘고 넓은 것 아닌데

남의 시선에
왜 나를 가두나요

화려한 벚꽃은 아니지만
이름 없는 들꽃처럼

나직이
나의 향기로 피어나게 하소서

약함

나는 자주 잊어버린다
약한 데
은혜가 임함을

나는 자주 부러워한다
강한 것이
펄럭이는 것을

교감의 통로는
높음이 아니라
낮음의 길목

약함 주시는 사랑에
감사 넘치기를 기도해

들메끈 하나라도

실오라기 하나라도
들메끈 하나라도

당신의 영광
가릴 소지 있다면

탐내지 않게 하소서

당신의 주권
오해될 소지 있다면

눈길조차
두지 않게 하소서

놓습니다

생각도 사람도 재물도
소유할 수 없는 것
다만 주어지는 분량만 누릴 뿐

생각대로, 욕심대로
흘러가지 않는다고
물줄기 바꿀 수 있나요

모든 주권
주께 있음을 압니다

내가 주인 되는
교만을 내려놓고

이끄시는 대로
걸음을 드립니다

내 작은 손을
주여, 잡아 주소서

기다림

당신의 때를 기다리고 있으면
왜 이렇게 작아지나요

앞으로 나가고 싶은데
아니라, 기다리라, 하실 때

하염없이 당신의 때를 기다리면
왜 이렇게 조바심이 나나요

기약 없는 기다림이
너무 길어서

바람결에 한 발 내딛다
뒤돌아 멈추어 섭니다

석양 앞에서
당신의 시간을
이렇게
기다리며 서 있습니다

흐린 날

못다 한 사랑의
안타까움에

이내 울어 버릴 듯한 하늘

한껏 부풀어 오른
목련 꽃봉오리처럼

참았던 그리움이
터져 나옵니다

그 사랑에
목이 메고

드릴 것 없는
빈손

하염없이
하늘만 바라봅니다

인도하심

봄바람이
잠든 꽃
흔들어 깨우듯

말씀이
내 영혼
눈뜨게 하네

내 생각의 보따리 내려놓고
주님 인도하심 바라보네

기도보다
말이 앞서고
주님보다
사람 도움 먼저 찾는

약함을 내려놓고

오직
주님 앞에 엎드리네

회개

판단은
어찌 이리 쉬운지요

이브의 후예답게
남의 잘못은
티끌도 찾아냅니다

무화과 이파리 대신
당신은
가죽으로 옷 입히시는데

사랑으로
허물 덮어주기가
어찌 이리 어려운지요

믿는다 하면서
세상과 똑같이 걷고

믿는다 하면서

내 허물 보지 못하는 어리석음

사랑이 부족한 탓에
내 눈물은 마르고

남의 눈에
눈물이 넘쳐납니다

오, 주여,
사랑 없음을
용서하소서

믿음 없음을
불쌍히 여기소서

용서하지 마십시오

못 박히고
살 찢기고
마지막 피 한 방울 쏟으며

죗값을
대신 치르셨건만

하늘보좌 버리고
이 낮은 땅에 오시어

용서의 은총
베푸셨건만

그의 말 한마디에
사흘 밤낮을 미워하며

몇 달을
서운해합니다

용서하지 마십시오
이해한다
괜찮다 말하면서

나무껍질 씹듯
오래도록
그의 잘못을 되새기며
미워합니다

용서하지 마십시오
당신의 거룩한 용서가
헛되이
흐르고 있습니다

3부

부족하지 않습니다

푸른 풀밭

가진 게 많지 않습니다
그러나 부족하지 않습니다

없어도 될 것을
가지려고
애쓰지 않기 때문입니다

있는 그대로 족합니다
많지 않아도
불편하지 않습니다

마음과 시간을
소유에 내주지 않는 것

행복의
첫 걸음입니다

행복이란

그때는 몰랐습니다
고난과 시련 속에
행복이라는 꽃씨가 묻혀 있음을

그때는 소망했습니다
가시덤불에서 빠져나가
행복의 숲에서 뒹굴 수 있기를

그러나 이제는 생각합니다
고난 없는 형통함이
하나님을 잊게 하지는 않을지
시련 없는 축복이
영원함을 놓치게 하지는 않을지

그래서 기도합니다

주어진 모든 것을 기뻐하며
슬픔조차
행복의 한 자락으로 느끼기를

내가 바라는 것은

내가 바라는 것은 작습니다
새벽을 준비하는 별에게
미소로 화답하는 것

내가 바라는 것은 작습니다
하루를 보듬는 햇살에게
감사의 손을 흔드는 것

내가 바라는 것은 참 작습니다
걸음마다 주님 곁에 계심을
잊지 않는 것

내가 바라는 것은 아주 작습니다
하늘을 바라보며
이 땅의 시간이 주님 시간 되는 것

그리고 내가 바라는 것은
너무도 작습니다
흐르는 음악처럼 영원에 스며드는 것

오늘은 덤입니다

어제까지 산 것도 충분한데
오늘이 다시 허락되었습니다
똑같은 오늘은 없습니다

한 번뿐인 오늘,
오늘의 몫을 다하게 하소서

내일의 계획 세우지만
내일은 내 것이 아닙니다

마지막인 듯
오늘을 살아 내고
내일은 내일이 걱정하게 하소서

마지막 오늘에는
환히 웃으며
가볍게
손 흔들게 하소서

나는 감사합니다

나를 곁에 두고 있는 이들이
고맙습니다

위선으로 포장된 마음을
들추지 않아서 고맙고,
시끄러운 소리를
견뎌 주어서 고맙고,

알면서도 모르는 척
덮어 주어서 고맙습니다

내 속에 가득한
불순한 동기와 미움을 안다면
어찌 가까이할 수 있을까요

주님은 이 세상 모두의 허물을
덮고도 남는 사랑,
그 사랑의 실로
내 마음을 박음질하고 싶어요

봄은 사랑입니다

따스한 손길로
봄의 잠든 이마 짚으면

긴 꿈에서 깨어나
바싹 마른 나무
기지개를 켭니다

사랑이
눈을 뜹니다

산수유 매화 목련 살구꽃 벚꽃 제비꽃
너와 내가 어우러진
에덴동산이 펼쳐집니다

사랑으로 어우러져
세상을 꽃피우라,

주님 음성이
꽃망울마다 터져 나옵니다

사랑하지 못해
꾹 다문 입술,
피지 못하고
웅크린 꽃망울 하나

개나리 환호 속
너는 어디쯤 서 있니?

사랑 없는 내게도
봄은, 사랑입니다

생명은 기쁨입니다

텃밭에
오래도록 비가 내렸습니다
제대로 자랐을까 싶은데

한 알 한 알
단단히 여문 옥수수

창조는
얼마나 신비로운지요

씨앗 하나가
싹이 터서 잎이 나고
나무처럼 높게 자라

수백 배의
결실을 보다니요

사람의 생명은
더욱 신비롭습니다

하나의 세포에 새겨 넣으신
인간의 비밀

무(無)에 가까운
그 하나가
당신의 우주를 담았습니다

창조 역사의
고귀한 정점에
인간이 있음이 감사합니다

주님과 교감하는
동반자,

말로는 다할 수 없는
기쁨입니다

부족하지 않습니다

모든 것이 족합니다
아침의 붉은 태양
지저귀는 새소리
들꽃과 얘기 나누며 걷는 두 발
서너 가지 소박한 반찬

부족함이 없습니다
하늘은 푸르고
냇물은 흐르고
풍경은 어제와 같은 듯 오늘 새로우니
모든 것이 족합니다

넘치지 않아
신경 쓸 일 없고
모자라지 않으니
욕심 없습니다

모든 것이 족합니다
나누고 돌보는 마음,

이것만 더하면
더는 부족함 없겠습니다

당신이 계시니
부족할 수 없습니다

주님의 자리

당신의 자리를
비워 둡니다

나의 저울추로
세상을
달아보지 않게 하소서

당신의 자리를
비워 둡니다

나의 욕심으로
경계를
넘어서지 않게 하소서

주님의 뜻

돌을 던진 것도 아닌데
그의 고통
모른 척한 것뿐인데

그것이 멸망 받을 죄라고
말씀하시네요

그의 상처 보듬지 않고
도움의 손길
내밀지 않은 것뿐인데

그것이 멸절 받을 죄라고
말씀하시네요

그의 불행에 입 벌려 웃지 말고
긍휼이 샘물처럼 흐르게 하라고

당신은 말씀하시네요
그렇게 살라고 하시네요

주님의 분깃

풀 한 포기
열매 하나
다 주님의 것,

모든 것 내어 주시며
우리가 다스리고
누리라 하시네요

땅은 소산을 내고
바다는 물고기를 키우고
이 모든 것도 주님의 것,

우리가
땀 흘려
가지라 하시네요

다만
이웃을 위해

하나는 양보하라,
아홉은 가지고
하나는 드리라 하시네요

하나를 드림으로
당신의 주인 되심
기억하고

하나를 드림으로
이웃 품는 마음을

넉넉히
키우라 하시네요

소망

찬란한 유화는 아닐지라도
담담한 수묵화

감사와
인내와
평안이
깃들면 좋겠습니다

꽃이 피고
새가 놀다 가면

더 바랄 게
없겠습니다

세상이 다 내 딸이라면

세상이 다
내 딸이라면

내 모든 것 주어도
아깝지 않으리
전쟁도 시기도 없으리

남에게 줄 때는
몇 번을 재고 망설이지만

딸에겐 주고 또 주고
그래도 더 주고 싶어
안달하는 마음

이 마음으로 대한다면
이 세상 부족한 것 없으리

미워하는 마음도
움켜쥐는 손도 없으리

4부

내 입술의 아가

봄의 길목에서

가슴 시린
인내의 시간이 저물고

희망이 터지는
꽃의 시간이
걸어오고 있습니다

메마른 가지에도
연둣빛 생명이 물오르고

간지러운 겨드랑이
기쁨의 날개가 돋습니다

기어이
봄을 허락하시니
감사합니다

당신이 계시니

상한 마음
당신께 고하니

세상 아궁이에
오해의 불씨 지피지 않아
다행이고

쏟아지는 비에 젖은 가슴,
당신 품으로 안아 주시니
얼마나 다행입니까

당신이 내미는
손 있어

오르막길
힘을 얻으니 다행이고

아픈 몸
뒤척일 때

이마 쓰다듬어 주시니
얼마나 다행입니까

하늘의 별도
당신이 계시니
빛을 발하고

푸른 바다도
당신이 계시니
출렁입니다

당신이 계시니
얼마나 다행입니까

당신이 계시니
얼마나 행운입니까

짝사랑

봄바람에
가만히 눈 감으면

용광로보다 뜨겁게
날 사랑하시는
그분 모습 보이고

나의 존재
시작되지 않은 그때부터

심장에 품고
혼자 좋아하시는
그분 모습 보이네

수선화 향기에
살포시 눈 감으면

행여 넘어질까
보이지 않는 손길로

날 붙드시는
그분 모습 느껴지네

어둠 속
갈 길 몰라
방황할 때

고독한 가슴에
벗이 되어 주는 분

나를 짝사랑하시는
그분은

내가 드리는
한 줌 사랑에도
행복해하시네

내가 드리는
자투리 사랑도
고이 품으시네

고백

아름답다고
말하지 않겠습니다

아름다움 그 이상의
본질을
가두기 때문입니다

좋다고
말하지 않겠습니다

좋은 느낌 그 이상의
마음을
제한하기 때문입니다

떨어지지 않으렵니다

당신께
붙어 있으렵니다

떨어지지 않으렵니다

믿음의 넝쿨
칭칭 감고

당신께만
붙어 있으렵니다

내 입술의 아가

당신은
아침을 깨우는 새소리
풀잎에 내려앉은 이슬방울

홀로 꽃밭을 거닐 때
뒤에서 안아 주는
향기입니다

붉게 물든 수평선 너머
멀리서 안아주는
햇살입니다

내쉬는 숨결마다
들이마시는 공기마다

사랑한다, 사랑한다,
당신의 고백이 들려옵니다

당신의 품에 안겨

오늘,
떨리는 입술로
고백합니다

사랑합니다, 주님,
나의 하나뿐인 연인이시여!

무화과 사랑

당신의 사랑은
어찌 이리 슬픈지요

엇길로 가는 자식을
광야로 내쫓고

홀로 눈물 흘리시는 아버지

무화과처럼
속에서 꽃이 피도록
보이지 않게 돌보시네요

꽃이 피면
다시 호적에 올려
자녀 삼으시는 사랑에
먹먹해집니다

당신의 사랑은
어찌 이리 슬프고도 아름다운지요

가지십시오

내 심장을 가지십시오
내 머리도 가지십시오

당신께 뜨거운 심장
당신 마음을 아는 머리

이런 제가 될 수 있도록
주여,
저를 가지십시오

그치지 않는 비

세차게
빗방울이 떨어집니다

주여,
당신의 눈물입니까
차라리 제 눈물이면 싶습니다

항상 기뻐하라 하시지만
제 마음에는 늘 비가 내립니다

쏟아지는 비처럼
울고 싶을 뿐입니다

예레미야의 비통한 눈물이
장마 되어 흐릅니다

진노의 말발굽 소리가
가까이 다가와도

우리의 귀는
왜 열리지 않는 걸까요

애타는 주님의 심정이
메마른 땅을 적십니다

거짓된 마음을
두드립니다

비가 내리는 사이
그래도
날은 밝아 옵니다

빗줄기는 약해지고 있습니다
새들이 노래하며
아침을 데리고 옵니다

비에 젖은 꽃은
그래도 웃겠지요

웃으면서 울겠지요
울면서 웃겠지요

나의 소제

내 하루를 반죽하면
어떤 빵이 구워질까요

세상 누룩에
부풀어
속이 빈

달달한 공갈빵이
되지는 않을까요

누룩 넣지 않은
무교병을 빚어
소제를 드리라 하시는 주님,

세상 누룩
덜어내어

속이
꽉 찬

진리의 무교병을
구워 내게 하소서

감사와
사랑을
나누어 먹으며

내 전부를 태워

아름다운 향기로
올려 드리게 하소서

나의 에봇

무엇을 입을까
염려합니다

성소에서 입은
에봇은
세상으로 나갈 때
벗어 두었습니다

하나님 앞에 선 옷은
거룩하기에
일상으로
가져 갈 수 없었습니다

무슨 에봇을 입을까
염려합니다

세상을 누빈 옷으로
당신을 뵙기엔
망설여집니다

일상에 물든
분주함을
벗어 둡니다

새벽 별빛에 적신
고요한 걸음,

보혈로 씻은
맑은 마음,

이것이 당신을 뵈옵는
나의 예봇입니다

세상과
구별하여 입고
당신 앞에 서겠습니다

오직 주님만

오직 당신만
바라보게 하소서

세상의 시선에
마음 두지 않게 하시고

달콤한 입술에
속지 않게 하소서

세상 안락함에 빠져
당신을 잊을까 염려되오니

무슨 일을 만나든지
당신을
생각하게 하소서

세상 소리에
귀 닫게 하시고

제 안에 울리는
당신 음성에
귀 밝게 하소서

세상에서는
낮은 자리에 서는

미련한
바보가 되게 하시고

당신 품 안에서는
당신만 바라보는

어여쁜
바보가 되게 하소서

성전을 사모합니다

성전 문이 굳게 닫혀
들어갈 수 없음은
어찌 된 일인가요

바다에 들지 못하는
물고기처럼
숨이 막혀 옵니다

어찌하여
성전 바깥에 있어야 하나요
성전을 닫으심은
무슨 일인가요

별은 하늘에서 빛나고
꽃은 들판에 피어나고
자갈은 강물에서 노래하는데

어찌하여 우리는
성전에서 밀려나

노래를 멈추어야 하나요

있어야 할 자리를
그리워하며
밖에서 말라갑니다

주여,
토끼풀에게 들판을 허락하시듯
당신의 자녀에게
성전을 열어 주옵소서

성전 문 앞에서
시들어 가는 이 영혼들을
주여,
불쌍히 여기소서

5부

못 자국

향유

향유 한 옥합을
한 여인이
주님 머리에 부었습니다

사람들은 말하지요
굶주린 많은 이의 허기 채울
값진 것을 쏟아버렸다고

그리고 화를 내지요
왜 그런 일을 했냐고,
그러나 그것은
그 여인의 선택

사랑하면 무엇을 흘려보낸들 아까울까요
무엇을 내어드리고 싶지 않을까요

내가 흘려보낼 향유는 무엇인가요
사랑하기에 쏟아 부을
거룩한 허비는 무엇인가요

십자가의 길

비아 돌로로사
살점 뜯기는 채찍 맞으며
무리의 조롱 속
십자가 지고 가시네

핏방울은 옷을 적시고
비틀거리는 걸음

넘어지고 또 넘어지며
무릎으로 기어가시네

비아 돌로로사
심장이 터지는 고통 속,
죽이라 외치는 무리를
핏물로 품으시네

대신 죽으시는
사랑으로
쓴잔 마시러 가시네

녹슨 십자가

십자가 위로
떨어지는 빗방울은
누구의 눈물입니까

홀로 흘리신 눈물이
골고다를 적십니다

꽃길만 찾는
우리의 기도에
십자가는 녹슬어 갑니다

녹슨 십자가를 지고
당신의 길을 걷고 싶습니다
목마른 꽃잎에
생기를 줄 수 있을까요

나의 골고다 언덕으로 올라가
녹슨 십자가에
움이 트는 소리 듣고 싶어요

겟세마네 기도

이 잔을
마셔야 합니까
마시지 않고
지나갈 수는 없나요

보시옵소서
저들은 저들이 하는 일을 모릅니다
광란의 폭풍에 휘말려
나를 죽이려고
어리석은 걸음을 재촉합니다

나는 내 길을 가지만,
죽기 위해 온 그대로
그 뜻을 따라 가지만,
저들은 어찌 합니까

많은 이들이 배신하고
어둠에
사로잡힐 것입니다

침 뱉고, 조롱하고, 채찍질하고,
십자가에
나를 못 박을 것입니다
저들의 죄를 어찌 할까요

삼 년을 데리고 다녔지만
아무것도 모르는
제자들은 또 어찌 합니까

죽을지언정
배반하지 않겠다고
큰소리치는 자들
그러나 도망칠 자들

베드로는 닭 울기 전에
세 번이나
나를 모른다고 할 것입니다

아버지,
저들을 어찌 하나요

목자 없이 버려져

길을 잃고

배신한 괴로움에
가슴 칠 양들

망치소리가
저들의 심장 두드릴 때

나는 말없이
매달려 있어야 하나요

어리석은 저들을
물가에 버려두고
떠나야 하나요

두고 가는 마음을
돌덩이가 짓누릅니다

그러나 아버지,
이 잔을
마셔야 한다면
마시겠나이다

진노의 쓴잔을
한 방울도 남김없이
비우겠나이다

벌거벗기는
수치와 모욕

그것까지 참아내고
온몸으로
껴안겠나이다

그 일을 위해
왔으니까요

아버지여,
나를 못 박으시어
저들을 구해 내소서

내 피로
저들을 씻으소서

부활의 봄

마시기 두려운 잔을
세 번 기도한 끝에
담담히
마실 수 있었던 주님,

제자들은 도망치고
무리는 조롱하는
절대 고독을
홀로 견뎌 내신 주님,

약속하신 대로
마침내
부활하신 주님,

그래서 봄은
그냥 오지 않나 봅니다

코끝 시린 바람을
빈 가지로 받아내고

식은 햇살을
고독한 가슴에 안은 뒤

비로소
기쁨의 옷을
가지마다 차려입습니다

주체할 수 없는 감사가
들판마다 꽃으로 피어나고

새 생명의 물결이
산마다 초록으로 번져 나갑니다

내 몸 세포 하나하나
부활의 싱그러움을 머금고
봄으로 피어납니다

산수유 꽃망울처럼
툭툭 터지며
봄의 한가운데로 걸어갑니다

못 자국

못 자국 선명한 손으로
떡과 생선을 구워
제자들 밥상을 차리시네

십자가에 그 손 못 박힐 때
아무것도 하지 못한
제자들 무거운 마음에

가시 바른 생선 한 점
놓아 주시네

살점이
울컥,
제자들 목에 걸리네

일렁이는 숯불 앞에서
서로가
말이 없네

메리 크리스마스

제가 말구유입니다
말구유보다 못한
이기적인 밥통입니다

그 누구의 허기도
채우지 못하고

나 하나 뱃속만 챙기며
냄새를 풍깁니다

이 구유에
주님이 오시다니요
코를 막고 거하시다니요

염치없지만
누추한 성전이
기꺼이 외칩니다

메리 크리스마스!

줄다리기

그림자는
힘이 세어요

줄다리기는
그림자들의 놀이

줄은 늘
어둠 쪽으로 기울어요

어둠이 짙을수록
그림자는 한 덩이
빛은 기울고 손을 놓아요

빛으로 가는 길은
왜 곡선일까요

은과 금은 뜨거워요
그것은 걸림돌,
직선의 무릎에 피가 고여요

새 밧줄을 잡아요
휘청거리는 걸음이
중심을 찾아가요

빛의 중심에는 생명,
영원한 밧줄로
잡아당기시네요

발가락 사이
빛이 스며들어요

마법의 시계는
어둠을 거두고
새 신을 신겨 주어요

빛이 발목으로
올라오고 있어요

이제
부드러운 곡선이 펼쳐져요

6부

대행자

돌 맞은 바울

죽을 만큼 맞았으니
걷기도 힘들고
온몸은 멍투성이

그 몸으로 일어나
다시 복음을 전하네요

피멍든 손으로
구원을 안겨 주네요

십자가 고통에 비하면
바울은 그조차 기쁨

얼마나 주님을 사랑하면
그럴 수 있나요

얼마나 사랑해야
죽음에 발목 잡히지 않나요

닮고 싶은 느헤미야

무너진 터전,
눈물로 안고 기도한 느헤미야

지금 여기 내가 서 있는
이유 발견하여
휘몰아치는 비방에도
주저하지 않고 길을 나섰네

내 발의 안위를 벗어
한 걸음 한 걸음
사명의 가시밭길 걸어간 사람

불의 앞에서는
거룩한 분노로
약한 자에게는
사랑의 손길로

그 사람, 느헤미야 닮고 싶어라
그 사람처럼 살고 싶어라

대행자

간다게 내시,
그 한 사람을 만나러

저 멀리까지
사막을 걸어간 빌립

그가 남긴 발자국처럼
꼭 만나야 할
누군가를 위해

당신의 시간을
걷게 하소서

내게 주어진 하루,
나의 필요가 아닌
그의 필요 속으로 들어가는

주님의 대행자,
그 길을 걷게 하소서

아하와 강가의 노래

눈앞의 위험 때문에
인간의 손을 구하는 것은
부끄러운 일

마병의 호위를 거절하고

아하와 강가에서
에스라는
주님 손을 구했습니다

험하고도 먼 길
많은 백성을 인도하여 가는 길

사나운 짐승과
도적이
목숨을 위협하는 길

어찌 맨손으로
나설 수 있었을까요

주님만
의지한다고 하면서
조금만 아파도
저는 약을 찾고

강물이
살짝만 출렁여도
사람 손을 구합니다

주여,
아하와 강물에
걱정을 떠내려 보냅니다

내가 건너야 할 강가에
맨손으로 섭니다

에스라의 노래가
믿음의 물결로
출렁이게 하소서

화를 부른 삽비라

아나니아와 삽비라
밭을 팔아
주님께 바치고 싶었네

남편 아나니아는
얼마를 감췄네

이것이 전부냐
베드로가 물어보네

아나니아,
그렇다고 답하네

아나니아의 거짓은
성령을 속이고
하나님을 속인 것

그의 목숨을
하나님이 거두어 가시네

삽비라도
베드로를 속이네

베드로를 속인 것은
하나님을 속인 것

삽비라의 영혼도
주님이 데려가시네

나도 삽비라네
이뿐이냐
주님이 물어보시면

이뿐이로다
주님을 속이네

수로보니게 여인의 고백

개 취급당하는
개만도 못한 이방 여자

상종조차 거부당한 나는
이름도 없이
수로보니게 여인이라 불리지요

사랑스러워야 할 딸아이는
흉악한 귀신에 들려
사람 노릇 할 수 없어요

하루하루 살아 내는 게
버거운 날들

딸을 향한 손가락질과
경멸의 비웃음을
일용할 양식처럼 받아먹어요

어미에게 죄가 많아서

아이가 아프다는
따가운 시선은
내 마음을
갈가리 찢어 놓아요

소원은 오직 하나
딸을 고칠 수만 있다면
그것뿐

잡고 일어설
풀 한 포기 없는 절벽에서
절망을
아슬아슬하게 딛고

죽음 같은 숨을 쉬고 있는
저 너머
주님이 오셨다는
소문을 들었어요

하나님의 아들,
무슨 병이든지
고친다 했어요

구원의 빛 한 줄기
내 딸도
고침을 받을 수 있을까요

어두움의 긴 터널을 지나
희망의 등불이
환하게 밝혀질까요

한달음에
주님께 달려갔어요

사람들에게 에워싸인 채
소리를 질렀어요
내 딸을
고쳐 주세요!

절박한 외침에
그러나 주님은 침묵

거절인가요

숨이 멎어 버릴 듯한

정지된 시간

구원의 마지막 끄나풀이
눈앞에 있는데
빈손으로 돌아설 수는 없었어요

무리를 헤집고
털썩 엎드렸어요

주님, 아시잖아요,
내 딸이 얼마나 고통을 받고 있는지,
딸을 얼마나 낫게 하고 싶은지,
당신은 고치실 수 있잖아요,
불쌍히 여기소서!

긴 침묵 끝에
돌아온 것은
비수 한 자루

"자녀의 떡을 취하여
개들에게 던짐이
마땅하지 아니하니라"

수없이 들은 말, 개,
예, 개 맞아요,
개보다 못한 삶이죠

눈물이 핑 돌고
마지막 남은
자존심의 아킬레스건이
툭 끊어졌어요

하지만 영원한 절망으로
들어갈 수는 없었어요

주님의 발을
꽉 잡았어요
발등으로
떨어져 내리는 눈물

부스러기라도
먹어야 하지 않을까요,
주님?

대답을 기다리며

엎드린 짧은 순간이
지난날의 모든 시간보다 길었어요

그때 들려온
부드러운 음성,

네 딸아 나았느니라!

정녕 꿈은 아니겠지요,
딸이 나았다니요?

이 가련한 여자에게
은혜의 부스러기를 주신 건가요?
아니, 덩어리째 주신 건가요?

내 등을 가만히 토닥이시는
주님의 손
처음 받아 보는
사람대접

주님 발을 감사로 흠뻑 적시며
새 삶으로 일어섰어요

딸을 보고 싶은 급한 마음에
집으로 내달렸어요
숨이 턱에 차오르고

문 앞에는
온전해진 딸이 서 있었어요

고통의 쇠사슬에서 풀려난
맑은 눈망울

메마른 사막 같은 인생이
오아시스가 되다니요

딸과 마주한 식탁에
떡 한 덩이,
주님 사랑이 스며 있어요

딸아이 웃음소리에
노을도 놀다 가네요

목마른 여인

아무리 물을 마셔도
목이 마르고

마실수록 더한 갈증은
어찌 된 일인가요

오늘도 두레박을
던지지만

시원함은 그때뿐
여전히 목이 마릅니다

두레박이 흘리는
눈물처럼

가슴에 차오르는
이 물방울은 무엇입니까

압살롬 애가

나는 도망자 신세지만
너와 나는
대적이 되었지만

차마 너를 죽일 수는 없었어
사랑하는 아들이
죽기를 바랄 수는 없었어

네 나라와
내 나라가
전쟁을 치르지만

너의 생명만은
해치지 말라고
시퍼렇게 명령했건만

나, 다윗의 말은
바람결에 흩어져 버렸어

풍성한 너의 머리카락이
에브라임 수풀
상수리 나뭇가지에 걸리고

요압 장군이
그런 너의 심장을 찔러 버렸네

사랑스러운 내 아들아
그렇게 스러지다니

너의 시신은
수풀 구덩이에 던져지고
돌무더기로 덮였네

요압 눈치 보느라
마음껏 슬퍼할 수도 없는
이 애비는
장례조차 치르지 못하는구나

내가 죽고
네가 살아야 하는데

어찌 너는
깊은 구덩이에 누웠느냐

차라리 내가 죽어
네가 왕이 되었더라면,
내가 죽어 네가 산다면!

너를 잃은 나는
어찌 별을 노래하며
어찌 눈을 들어 산을 볼까

네가 묻힌 구덩이보다
더 깊은 웅덩이가
내 가슴에 파였구나

압살롬아, 압살롬아
내 아들아, 내 아들아

물고기 뱃속

주님이 머무신
무덤처럼

물고기 뱃속에 갇힌
깜깜한 사흘은

봄을 잉태한 시간

모든 게 끝났다고
눈감은 곳에서

봄보다 환한 계절이
준비되었네

물고기 뱃속의
요나에게
새 빛이 비치고 있었네

사울의 첩, 리스바

그대 이름은 리스바
아야의 딸,
사울 왕의 첩이 되었지요

사울의 아들을
둘 낳은 그대

사울이 죽고,
그대를 탐한
아브넬 장군도
칼끝에 스러지고

그대는
어디를 떠돌았나요

두 아들과
농사를 지으며
양과 염소를 치며

왕궁과는 관계없는
초야의 삶으로 돌아갔나요

그런데 이게 웬일인가요
신실한 다윗이 통치하는데
왜 삼 년 동안
기근이 드는 걸까요

사울이 기브온 사람을
억울하게
쳤기 때문이네요

기브온의 원한을
풀어 주기 위해

사울 집안의 남자
일곱을 죽여
피를 되갚아야 하네요

죽음의 그림자가
그대를 덮치네요

그대의 두 아들과
사울의 큰딸 메랍이 낳은
다섯 아들을
내놓아야 하네요

아,
어찌 두 아들과
다섯 손주를
죽음으로 내줄 수 있을까요

죄를 갚기 위해
자식을 바쳐야 하는 고통을
누가 알까요

붙잡혀 가는
고통스러운 울부짖음에

고향 기브아 산은
바싹바싹 입술이 마르고

목매어 달려 죽는
일곱 남자

그대는 얼마나
숨이 막혔나요

남편의 악행을 떠올리며
울음조차 내지르지 못하고

무거운 침묵으로
떨었을까요

리스바여, 그대여,

일곱 자식을 거두어
굵은 베를 바위에 펴고
통곡하는 그대여,

까치가 쪼을까
짐승이 해칠까

달빛 아래
짐승 울음 밀어내고
주검을 지키는 그대여,

죽음보다 무섭고
두려운 마음이
왜 없었을까요

그러나 그대 이름은
어머니

자식을 지키는 눈길은
사자보다 뜨겁고

눈물로
주검을 지키는 그대여

피로 젖은 땅에
하늘이 드디어 문을 열어
비를 쏟아 붓네요

이제 땅은
풍족한 곡식을 내지만

자식을 잃은
그대에게

풍년이
무슨 기쁨이 될까요

기브온과 화평하고
다들
배불리 먹게 되었으니

다행이다, 잘됐다
그렇게
말할 수는 없네요

남편의 죄를
집안의 죄를

삼베 치마폭으로
오롯이
떠안은 리스바여

쓸쓸히 머리카락은
바람에 흩날리고

텅 빈 가슴은

기브아 산을 바라보며

그대의 뒷모습은
마른 날에도
비에 젖었을까요

자식을 바쳐
나라를 구했다고

그대를
칭송하지는 못하겠네요

그대는 자식 잃은
괴로운 어미일 뿐

리스바여,
그대 리스바여!

물 위를
걷는 시간

ⓒ 변창희, 2025

초판 1쇄 발행 2025년 12월 1일

지은이	변창희
펴낸이	이기봉
편집	좋은땅 편집팀
펴낸곳	도서출판 좋은땅
주소	서울특별시 마포구 양화로12길 26 지월드빌딩 (서교동 395-7)
전화	02)374-8616~7
팩스	02)374-8614
이메일	gworldbook@naver.com
홈페이지	www.g-world.co.kr

ISBN 979-11-388-4961-6 (03230)

- 가격은 뒤표지에 있습니다.
- 이 책은 저작권법에 의하여 보호를 받는 저작물이므로 무단 전재와 복제를 금합니다.
- 파본은 구입하신 서점에서 교환해 드립니다.